AF330849

PANTHÉON DE LA LÉGION D'HONNEUR

PAR

M. AMÉDÉE BOUDIN

JULES LACROIX

Officier de la Légion d'honneur.

TOME II

PARIS

BUREAUX : 5, PASSAGE CHAUSSON

(Boulevard Magenta)

—

1870

JULES LACROIX

PANTHÉON DE LA LÉGION D'HONNEUR

PAR

M. AMÉDÉE BOUDIN

JULES LACROIX

Officier de la Légion d'honneur.

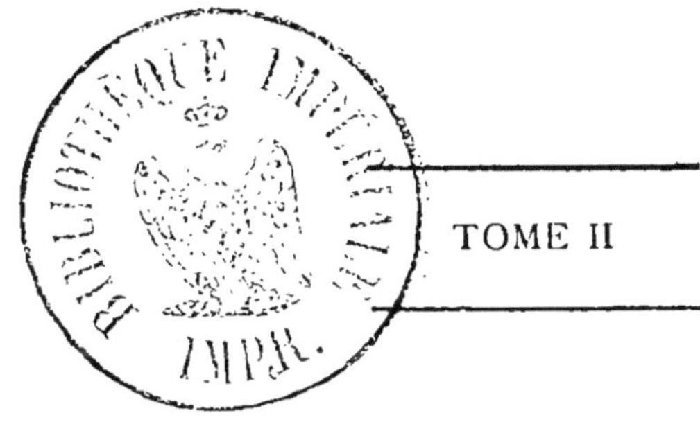

TOME II

PARIS

BUREAUX : 5, PASSAGE CHAUSSON

(Boulevard Magenta)

—

1870

JULES LACROIX

LACROIX (Jules), romancier et dramaturge, officier de la Légion d'honneur, né à Paris le 7 mai 1809, est le frère cadet de Paul Lacroix, connu sous le pseudonyme de *Bibliophile Jacob*, et le second fils de LACROIX DE NIRÉ, auteur de plusieurs romans et du poème : *L'Hymen ou le Choix d'une épouse*, publié en 1810. En 1851, il a épousé la sœur de Mme de Balzac, veuve de notre illustre romancier, et issue de la grande famille polonaise des Rzewuski.

M. Lacroix s'est fait d'abord connaître dans les lettres par un assez grand nombre de romans de mœurs qui tous ont obtenu du succès. Nous citerons, entre autres : *Une Grossesse, ou la Peine du Talion* (1833) ; *Corps sans âme* (1834) ; *Fleur à vendre* (1835) ; *Le Tentateur* (1836) ; *Le flagrant Délit* (1836) ; *Les Parasites* (1837) ; *Le Neveu d'un Lord* (1838) ; *Le Bâtard* (1838) ; *La Rente viagère* (1839) ; *Le Banquier de Bristol* (1840) ; *Quatre ans sous terre* (1841) ; *Lucie* (1841) ; *l'Honneur d'une femme* (1842) ; etc.

« Ces romans, dit un critique autorisé, — M. Francisque Sarcey, — ces romans, où M. Jules Lacroix peignait, à la façon des Balzac et des Soulié, les mœurs contemporaines, ne sont plus guère lus à présent que des dramaturges, qui y vont chercher des sujets et des situations. L'auteur se souvient à peine lui-même de ces œuvres de jeunesse, où il paya tribut à la mode du jour (1). »

En effet, M. Lacroix, qui avait fait d'excellentes études et aimait passionnément l'antiquité grecque et latine, poursuivait en silence le cours de ses grandes études classiques, et se préparait, par un long travail, à marcher dans une voie littéraire plus sérieuse. « Maniant le vers avec une aisance extraordinaire et une science incomparable, » il avait traduit successivement en vers plusieurs pièces de Shakespeare et les chefs-d'œuvre du théâtre grec, qui ne devaient

(1) A partir de l'époque où il a complètement changé sa voie littéraire (1845), M. J. Lacroix n'a jamais consenti à ce qu'on réimprimât ses quatre-vingts volumes de romans, aujourd'hui tous épuisés.

voir le jour que longtemps après les romans. Un recueil de sonnets, *Pervenches*, publié en 1836, avait révélé en lui un poète du premier ordre. La traduction littérale, et vers pour vers, de *Macbeth*, affirma la virilité de sa muse poétique. Six ans plus tard, la traduction en vers des *Satires de Juvénal et de Perse*, couronnée par l'Académie française, lui valut immédiatement, sur la demande de M. de Salvandy, la croix de chevalier de la Légion d'honneur.

L'auteur avait terminé la traduction en vers des odes d'Horace en 1848, et les deux premiers livres seulement venaient d'être mis en vente, le matin du 24 février, lorsqu'il eut la prudence de les retirer du commerce, ajournant à une meilleure époque une publication qui eût passé inaperçue au milieu de l'orage révolutionnaire. Dans toutes ses traductions, il importe de le constater, conçues dans un système nouveau, M. Jules Lacroix a su allier à la richesse, à la vigueur du vers, l'exactitude la plus scrupuleuse, la reproduction la plus fidèle des chefs-d'œuvre originaux.

Non content, cependant, d'avoir obtenu la popularité par le roman, et de plus solides triomphes par des travaux classiques d'une incontestable valeur, M. Lacroix rêvait une gloire plus expansive, plus éclatante. « Son goût le plus vif était pour le théâtre, et c'est de ce côté, surtout, qu'il a trouvé à exercer ses grandes facultés de traducteur. » (F. SARCEY.)

Ses débuts, il est vrai, furent des œuvres originales et saisissantes. *Le Testament de César*, grand drame en cinq actes, en vers, joué à la Comédie-Française en 1849, eut un succès énorme. « Pendant cinq heures d'émotion, de pitié, d'intérêt et de terreur, écrivait

Jules Janin, le public s'est laissé prendre à ces beaux vers ! »

L'année suivante, *Valéria*, drame romain en cinq actes, en vers, fait en collaboration avec M. Auguste Maquet, et dans lequel Rachel jouait deux rôles, — l'impératrice et la courtisane, — eut, au même théâtre, le succès le plus retentissant.

La Fronde, opéra en cinq actes avec le même collaborateur, musique de Niedermeyer, fut représentée en 1853, à l'Académie impériale de musique.

Théophile Gautier disait de ces drames de M. Jules Lacroix, — *Le Testament de César* et *Valéria :* — « Ils ont les qualités mâles et robustes que nous aimons ; tout y respire la force virile, et cela n'est pas étonnant. L'auteur s'est nourri de la moelle des lions, de Juvénal et de Shakespeare, qu'il a traduits tous deux avec une âpre fidélité et une vigueur peu commune. Son style est net et ferme, sa versification solide, nerveuse, correcte. »

Une des œuvres les plus marquantes de M. J. Lacroix, c'est la traduction littérale en vers de l'*Œdipe-Roi* de Sophocle, représentée au Théâtre-Français en 1858. Cet ouvrage, lors de la reprise brillante qui eut lieu en 1862, obtint le prix extraordinaire que l'Académie française n'avait encore décerné que deux fois : la première à la *Lucrèce*, de Ponsard, et la seconde à *Gabrielle*, d'Emile Augier. Le rapport de M. Villemain contient à ce sujet des considérations que nous croyons devoir rappeler. On les lira avec d'autant plus d'intérêt qu'elles sont revêtues de ce magnifique langage habituel à l'illustre académicien :

« Un prix, autorisé déjà plusieurs

fois, sur la fondation généreuse de M. de Montyon, était de nouveau proposé depuis cinq ans, pour l'œuvre dramatique en vers, qui, représentée avec succès, réunirait le mieux les conditions de talent et d'effet moral. Mais dans l'art, l'œuvre originale est souvent tardive. La forme de la tragédie classique n'était pas essayée ; la forme du drame moderne restait douteuse et comme troublée plutôt qu'inspirée par les agitations récentes de la société. Sans juger ici toutes les tentatives du théâtre de nos jours, on admettra sans peine la préférence de l'Académie pour un poème dramatique qui offrait à l'imagination impartiale de notre temps un modèle de l'antiquité dans sa forme première. L'*Œdipe-Roi*, de Sophocle, fidèlement traduit en vers, sans changement, sans artifice nouveau, avec la hardiesse de ses images, ses intermèds lyriques mêlés à l'action, avait frappé les esprits comme un grand spectacle et une vérité poétique. La faveur que le public avait témoignée pour cette reprise du théâtre d'Athènes, au dix-neuvième siècle, paraissait le signe d'un goût plus libre et plus idéal. Sans doute, c'était par la force de l'œuvre primitive que devait surtout s'expliquer le succès. Mais pour la transmission de cette œuvre à si lointaine distance et dans un monde si différent, il fallait qu'un talent d'écrire naturel et passionné eût conservé l'accent vrai du modèle ; que la traduction ainsi représentée fût comme la voix, en langue vulgaire, de cette poésie grecque tour à tour mélodieuse et terrible.

« Dans cette tâche difficile, M. Jules Lacroix a souvent réussi pour le lecteur attentif comme pour l'auditoire ému. L'Académie décerne à sa belle et sévère étude de Sophocle, à sa traduction littérale et poétique de l'*Œdipe-Roi*, le prix qu'elle avait proposé pour une œuvre dramatique. »

Après l'*Œdipe-Roi* vint *la Jeunesse de Louis XI*, drame en cinq actes, en vers, représenté, en 1859, au théâtre de la Porte-Saint-Martin. *Macbeth*, drame en cinq actes, en vers, parut, en 1863, au théâtre de l'Odéon. C'est une traduction fort exacte de l'œuvre de Shakespeare, mais disposée néanmoins dans un autre ordre, et rendue plus conforme aux habitudes de notre scène. L'Odéon donna encore, en 1867, le *Roi Lear*, reproduction toujours très fidèle du drame anglais, mais avec des retranchements considérables et quelques modifications nécessaires.

Enfin, M. Jules Lacroix, dit M. Francisque Sarcey, prépare une *Antigone* du grand tragique d'Athènes, qu'il doit bientôt lire au Théâtre-Français, et continue, en même temps, ses grandes études shakespeariennes. Plein d'une expansive admiration pour l'œuvre considérable de cet écrivain, depuis le roman, sa première manière où s'étaient révélées déjà ses viriles qualités de passion et de style, jusqu'au théâtre où éclate toute sa puissance dramatique, M. Francisque Sarcey énumère consciencieusement les titres de M. Jules Lacroix à l'Académie :

« Je n'en sais guère de plus sérieux, dit-il. Une vie tout entière donnée aux lettres, des œuvres d'une haute portée, des traductions vraiment admirables de quelques-uns des chefs-d'œuvre de l'esprit humain, une ardeur infatigable au travail, un mépris absolu des succès faciles et lucratifs, une aspiration incessante vers le noble et le grand, une réputation sans tache et fermement établie, une profonde connaissance de cette langue française, dont l'Académie s'est constituée la gardienne, et de cette antiquité d'où est sortie notre littérature. Que faut-il encore pour fixer l'attention de l'illustre assemblée et déterminer son choix ? Il y a peut-être des noms plus brillants ; je n'en connais point, dans les lettres, de plus honorés et de plus dignes de l'être. »

M. Jules Lacroix a été, en 1865, promu officier dans l'ordre de la Légion d'honneur, et nommé officier de l'ordre de Guadalupe.

10817.— Typ. Alcan-Lévy, rue Lafayette, 61,
et passage des Deux-Sœurs.

Paris. — Typ. Alcan-Lévy, rue Lafayette, 61
et passage des Deux-Sœurs.